UNE MINE D'OR

OU

LA BAGUETTE MAGIQUE

QUI VA RESSUSCITER LES AFFAIRES,

Par F.-H. Maux,

A LA PRESSE FRANÇAISE.

LIMOUX

CHEZ J. BOUTE, IMPRIMEUR-LIBRAIRE,

RUE DES AUGUSTINS, 19.

1848.

AUX RÉDACTEURS

DE LA PRESSE FRANÇAISE.

Messieurs,

Réduit, comme tant d'autres propriétaires, à ne pouvoir, faute d'argent, cultiver ni mes champs ni mes vignes; fabricant déchu, à ne pouvoir plus vendre mes draps ni me défaire même de mes laines; obligé, après avoir dépensé jusqu'à mon dernier sou, de renvoyer cruellement mes ouvriers à l'atelier national, et ne sachant enfin plus à quoi m'occuper, j'ai cru que, dans un moment si pressant, il était du devoir d'un bon citoyen de ne pas rester inactif, et, dans l'intérêt bien entendu des travailleurs, désœuvrés comme moi, d'utiliser les loisirs qu'à son début la République nous donne à faire, quoi? une constitution? Non, ma foi; mais quelque chose de mieux si c'était possible; et, par le temps qui court, il n'y a là rien qui doive surprendre personne. Nous vivons à une époque où la lecture des journaux et la fréquentation des clubs sont bien susceptibles d'éveiller le génie politique partout où il se trouve, et, en fin de compte, ne vivons-nous pas tous sous le règne de la liberté, pour ne pas tout oser dire? Que dis-je! ne suis-je pas moi-même électeur, éligible; et, à ces titres, aussi bien qu'à défaut de toute autre aspiration éteinte en moi avec les affaires, ne puis-je pas même, n'en déplaise à certaines gens, me bercer dans l'heureuse perspective de devenir un jour maire, préfet, receveur-général, que sais-je moi, représentant du peuple peut-être, ou quintumvir? moi, partie intégrante de la grande famille française qui, grâce aux maximes bien suivies de l'égalité, pourra bientôt compter, avec l'Algérie, près de quarante millions de frères....... mendiants.

Eh bien ! Messieurs, voici quelle est mon idée : Je crois que le travail peut être garanti à l'ouvrier ; et, n'allez pas maintenant prendre ceci pour une plaisanterie, que voulez-vous, c'est ma conviction à moi, et, sur ce point, je suis du sentiment de l'ex-gouvernement provisoire, seulement nous différons un peu dans l'application de nos principes.

Qu'est-ce? m'allez vous dire. La pierre philosophale est-elle-trouvée? Non ; mais on pourra la trouver quand on voudra.

Le moyen?

Le voici :

> « Travaillons, prenons de la peine,
> » C'est le fonds qui manque le moins. »

Si dans ce qui va suivre, vous trouvez de ces choses qui vous paraissent absurdes, rappelez-vous que toute idée neuve fut toujours, à sa naissance, regardée comme une folie. Si, au contraire, dans ce que je vais dire vous apercevez réellement une de ces bizarreries qui ne peuvent naître que dans une imagination trop ardente, n'en jetez pas sur moi la faute, mais plutôt sur cette triste fatalité qui depuis quatre mois nous voue tous au désœuvrement le plus complet. Je vous engage toutefois à suspendre votre jugement et à ne le porter d'une manière définitive que lorsque vous aurez bien pesé toutes mes raisons, que je vais tâcher de vous donner des meilleures.

La paix dont nous avons joui pendant les trente-trois ans que nous venons de passer avait accru notre prospérité dans de si grandes proportions, qu'il fut vrai de dire, le 24 février dernier, que pendant les quelques temps qui le précédèrent, jamais la France n'avait été ni plus riche, ni plus heureuse.

Aurait-elle pu l'être davantage?

Je suis fortement pour l'affirmative.

Aujourd'hui une révolution sociale, amenée par la force incompressible du progrès, menace, faute d'être comprise, non-seulement de nous empêcher d'atteindre à l'amélioration en vue de laquelle elle s'est opérée, mais encore de détruire de fond en comble tout le bien-être dont nous sommes en ce moment possesseurs. Ainsi, il n'est que trop réel que nous sommes inévitablement placés dans cette frappante et terrible alternative : de devenir un peuple heureux, si nous avons le sens assez droit pour entrer dans la voie où nous devons marcher; d'être, au contraire, accablés des plus grands malheurs, si, restant en deça des limites que nous devons atteindre dans notre développement, comme si en dépassant celles dans lesquelles nous devons, pour le moment, nous enfermer, nous nous livrons entre les mains des partis, aux horreurs de la guerre civile et à tous les fléaux qui en découlent.

L'urgente préoccupation du moment consiste, comme on peut le voir, à nous placer précisément au point où doivent, après de plus ou moins longues oscillations, venir naturellement s'équilibrer les forces opposées qui aujourd'hui se combattent. La difficulté est de savoir rallier au même drapeau les partisans trop exclusifs de la conversion, comme les sectateurs des idées trop avancées, qui, en nous entraînant tantôt d'un côté, tantôt de l'autre, finiront par nous perdre dans les orages révolutionnaires.

Cherchons donc entr'eux, si c'est possible, un moyen terme; inventons un mode ambigu, une société de transition enfin, qui ne pouvant être pour le moment que ce qu'est la nôtre, consolide celle-ci sur ses bases déjà ébranlées, en nous permettant néanmoins d'arriver, sans secousse et par une transformation successive et insensible, à une société de plus en plus meilleure, telle enfin qu'elle puisse se prêter sans dangers à toutes les réformes administratives, politiques, sociales même, dont l'expérience aura proclamé la bonté.

Ne soyons, comme on le dit, ni les hommes du passé, ni ceux de l'avenir; soyons, si nous pouvons, ceux de l'époque.

Eh bien ! fort de mes convictions, je mets en principe que nous en sommes venus à ce point de civilisation où, sous peine d'une conflagration universelle, la solidarité doit être comprise, et pour dire vite mon dernier mot, le travail peut et doit être sérieusement garanti à quiconque peut se trouver dans le cas d'en avoir besoin. En France, aujourd'hui, personne ne doit être en peine de vivre, s'il peut travailler, où tous, tant que nous sommes, nous devons venir en aide à une si douloureuse situation.

Par quel moyen sera-t-il possible de garantir le travail?

Ici la question est assez épineuse; c'est pourquoi, avant d'entrer dans les détails que nécessite une si grave étude, nous allons nous livrer succintement à quelques observations générales, de nature à nous bien faire apprécier le terrain sur lequel nous sommes placés. Ce sera un trait de lumière jeté sur la route que nous avons à parcourir.

Un peuple comme le nôtre, dont la population s'est presque accrue au-delà des bornes que comporte son territoire, où le sentiment des besoins, développé par l'éducation, exige impérieusement des satisfactions qu'il n'est pas en son pouvoir d'obtenir; un peuple arrivé à ce terme est bien près de sa décadence, et je ne vois que deux moyens de l'empêcher de se dissoudre.

Le premier, c'est qu'il évacue le superflu de ses habitants, par l'émigration, par la formation des colonies. Ce moyen est le plus vulgairement suivi, et l'on pourrait citer bon nombre de nations qui y ont eu recours.

Le deuxième, qui n'exclut pas absolument le premier, est plus difficile et, si on veut me permettre de le dire, plus scientifique. L'Angleterre en a bien eu le pressentiment : son instinct, pardonnez-moi l'expression, la guidait vers lui; mais elle ne l'a pas abordé dans toute son étendue. Aussi la palme qu'elle croit cueillir pourrait-elle bien lui échapper.

Ce moyen consiste à faire, des fins où un peuple est arrivé, des moyens pour lui d'une nouvelle existence; à retremper son ressort au moment où il va se détendre; à faire d'un peuple vieux un peuple nouveau qui, ayant conscience du progrès vers lequel il gravite, aura désormais à décrire une nouvelle évolution trascendante.

Croyez bien que lorsque des questions du genre de celles qui s'agitent en ce moment sont posées; lorsque le droit de propriété peut être contesté et qu'on voit, sur ce point, prendre aux débats un caractère sérieux et de généralité, croyez que pour la société où ces choses se passent, c'est un moment suprême : alors, ou une subversion universelle, ou un progrès immense sont à la veille de se réaliser. Telle est la loi providentielle qui régit les sociétés.

On aura peut-être peine à croire que la nôtre se trouve actuellement dans de semblables conditions : je le désire bien sincèrement ; mais je suis fortement persuadé qu'il y aura malheur pour nous, si nous ne nous hâtons de sortir de l'impasse où nous sommes ; comme il y aura prospérité et gloire, si nous en trouvons promptement la bonne issue. Elle ne se trouvera pas sans peine et chacun de nous est bien sûr, pour sa part, de contribuer à l'obtenir. Qu'on ne se décourage pas pourtant : à côté de la peine il y a toujours le profit. Patience, et tout le monde aura sa récompense.

Voici celle que je promets, en particulier, aux hommes éminents dans la politique, à ceux qui portent un cœur vraiment républicain, qui désirent avec passion la splendeur de leur patrie : ils obtiendront pour elle, de la part des étrangers, cette considération qui s'attache à tout ce qui est grand, généreux, à tout ce qui brille d'un certain éclat dans le monde. Elle, à son tour, trouvera, dans leur disposition à l'imiter, cette influence morale si puissante et qui sera le résultat des sympathies qu'elle aura su inspirer. Enfin, par la concentration de 60 millions d'habitants dans les limites naturelles de la France ; par la concentration, dis-je, anormale de ces forces, qui ne devra même durer qu'un certain temps, mais possible, mais nécessaire pour le peuple qui a l'ambition de prétendre aux plus hautes destinées, ces hommes feront de notre patrie le boulevard inexpugnable où, pendant les tempêtes qui pourront encore agiter nos voisins, viendra toujours s'abriter la bannière de l'ordre et de la liberté ; ils en feront la capitale par excellence, dont tôt ou tard, sans coup férir, dépendra le sort de l'Europe.

De ces spéculations élevées, descendons maintenant à l'analyse des faits qui se sont produits sous le dernier règne ; et, si nous reconnaissons les causes qui, durant ces derniers temps, ont aggrandi la prospérité de notre pays, procédons à la manière des mathématiciens, allons par voie d'induction du connu à l'inconnu, ou par la voie de l'analogie de causes similaires et plus grandes, sachons espérer des effets semblables et plus grands encore.

Cela posé, ne conviendra-t-on pas, abstraction faite de tout esprit de parti, que pendant les quinze dernières années qui viennent de s'écouler, la propriété chez nous a généralement augmenté du tiers, de la moitié, du double même de sa valeur ? Tout ce qui a rapport à une industrie quelconque n'était-il pas, il y a quelques jours encore, dans d'aussi bonnes conditions? La population, elle-même, ne s'est-elle pas aussi considérablement accrue?

Soyons de bon compte, à quoi avait tenu ce progrès? n'était-ce pas à la paix qui, quoique chèrement achetée et déshonorée même bien souvent, n'en avait pas moins permis à l'agriculture, au commerce et à l'industrie, de se développer dans leurs proportions ordinaires? N'était-ce pas surtout, oui, reconnaissons-le, à l'impôt qui, quoique odieux par la manière dont il est assis, qui, quoique gaspillé même en certaines circonstances, avait néanmoins, par ses ressources continuelles mises en circulation, par ce flux et reflux de capitaux, allant des particuliers à l'Etat et de l'Etat aux particuliers, avait, dis-je, donné cette activité si grande à toutes les transactions et porté la vie jusques dans les derniers degrés du prolétariat? Peut-on nier que ce ne soit à ces causes que l'on doive ces bons résultats?

Que ceux à qui ces considérations ont échappé y réfléchissent, et ils verront que ce n'est que par la paix, autant du moins qu'il sera possible de la maintenir honorablement; et, je le dis bien haut, ce ne sera que par d'immenses ressources mises à la disposition de l'Etat, par l'accroissement de celles-ci en raison de la prospérité publique, et par leur savant et digne emploi, qu'il deviendra possible, en faisant du bien à tout le monde, de fonder un ordre nouveau; ou sans rien changer, dès l'abord, à notre situation actuelle, il sera vrai de dire que le travail peut être garanti.

A défaut de ces secours, non-seulement on ne fera rien de grand; mais on ne maintiendra pas même les améliorations obtenues. Aucun gouvernement ne résistera à ce malaise qui travaille sourdement les peuples arrivés au degré de civilisation où nous sommes. Ces derniers sentent bien le prix de ces ressources. Aussi voyez, faute de savoir s'y prendre, comme ils s'ingénient à mettre sur le peuple impôt sur impôt, tous plus ridicules les uns que les autres. Enumérez, si vous le pouvez, toute la séquelle de ceux qui pèsent sur nous. Voyez surtout l'accroissement prodigieux de leurs dettes, ces plaies publiques; elles tendent chaque jour à s'aggraver d'avantage : on ne comptera bientôt plus, chez nous comme chez nos voisins, que par dixaine de milliards.

Tous les gouvernements en Europe, et je n'en excepte aucun, sont à bout d'expédiens, ils n'en peuvent plus.

Mais où donc se tient cachée cette mine si riche dans laquelle, pour le bien du peuple, pour assurer, pour garantir son travail, il va nous être donné de puiser à pleines mains? Elle ne se cache nulle part, et nous la trouverons, si nous voulons nous donner la peine de la chercher, dans *les récompenses nationales, l'exportation et le crédit personnel*.

LES RÉCOMPENSES NATIONALES non dérisoires, mais sérieuses, mais sagement distribuées, dont je ne parle ici du reste que fort légèrement et en guise de prélude, sont les auxiliaires les plus puissants de la richesse d'une nation ; elles ont le privilége de faire surgir et mettre en relief toutes les capacités, tous les talents, et, en excitant toutes les prétentions rivales, celui de porter le perfectionnement de l'industrie à son plus haut degré. C'est ainsi qu'en l'enrichissant, elles parviennent à donner une supériorité marquée à un pays; c'est pour les avoir négligées que nous obtenons si peu de succès dans les sciences et dans les arts; c'est pour ne s'en être pas sérieusement occupé que l'on voit tant de pygmées et si peu de géants; c'est pour ne les avoir pas pratiquées, même à l'égard des ouvriers qui s'exercent sur les travaux réputés les plus méprisables, que d'autres améliorations, dépendant de celles que nous aurions pu reconnaître, n'ont pu s'effectuer encore. Presque toujours les plus grandes choses tiennent aux plus petites et en dépendent.

Je voudrais donc que des encouragements assez honorifiques ou assez lucratifs stimulassent l'émulation des amateurs, toutes les fois qu'une industrie agricole ou manufacturière, toutes les fois qu'une invention, qu'une idée quelconque, reconnue féconde pour le pays, pourrait s'implanter ou se perfectionner chez nous.

Je voudrais surtout que l'agriculture ne fût pas mise en seconde ligne : rappellons-nous qu'elle est, par le sol, la mère nourrice de nous tous, en attendant que l'industrie, plus proprement dite, nous apporte le tribut indigène et celui des nations étrangères.

Comme elle se traîne cependant, faute d'émulation qui l'anime ! Elle a bien, je l'avoue, ces dernières années, réalisé quelques progrès; mais

qu'elle est loin encore d'atteindre la splendeur à laquelle elle peut immédia-
tement prétendre ! Parcourez nos départements et ceux du Midi en particulier, et vous serez étonné de l'ignorance complète où sont encore la plu-
part des agriculteurs !

Nous manquons de laines et principalement de laines fines pour alimenter
nos usines. La soie pourrait être produite en plus grande quantité. Nous
manquons de chevaux pour nos remontes, de bétail pour la boucherie.
Quand nous pourrions en consommer le double et en avoir encore à reven-
dre, avec trois cents lieues de côtes et des mines de sel gemme dans l'inté-
rieur, ne manquons-nous pas de ce précieux aliment si indispensable aux
élèves et aux engrais ? Enfin, n'avons-nous pas vu dernièrement en France,
sur le sol, dans le jardin qui a le plus de cultivateurs, dans le pays qui se
pique d'être le plus savant du monde, et en temps de paix, n'avons-nous
pas vu plus particulièrement chez nous se produire les horreurs de la fa-
mine ? N'avons-nous pas été forcés, pour en empêcher les ravages, de livrer
honteusement près de trois cents millions à l'industrie étrangère ? Quand
des assolements mieux distribués, des terres mieux préparées, plus solide-
ment confortées par les engrais qu'elles peuvent elles-mêmes produire; quand
le renouvellement des semences et la préparation des germes; quand des
ensemencements combinés suivant la loi des retards et des avances auraient
pu nous préserver de la majeure partie de ces déceptions !

L'administration de nos manufactures ne présente pas moins, dans son
ensemble, des lacunes de science et d'économie d'où l'utilité des récompenses décernées à quiconque sait inventer, améliorer, peut être constatée.
Ce serait ici le cas de faire à leur sujet une belle dissertation sur l'ordre
des concours, la formation des sociétés, l'institution des jurys, l'organisation et le retour périodique des expositions; mais, comme je n'ai nullement
l'intention d'épuiser une thèse pour laquelle cinquante pages d'impression
ne seraient pas de trop, et que je crois, d'ailleurs, en avoir assez dit pour
signaler les nécessités des récompenses nationales, je brise sur ce sujet
et me hâte, sans autre préambule, de passer à une question d'une plus
haute gravité.

L'EXPORTATION. — Elle devrait désormais s'opérer progressivement chez nous sur une échelle plus vaste qu'elle ne l'a été jusqu'à aujourd'hui ; et, à cet effet, il serait indispensable que le Gouvernement, qui du reste, comme on le verra plus tard, sera toujours en mesure, accordât :

1o Une prime capable de favoriser la sortie de tous les produits de notre sol, toutes les fois qu'étant en trop grande abondance chez nous, il y aurait pour le propriétaire pénurie à les vendre.

2o Et c'est ici qu'apparaît une des deux faces principales de notre système : il faudrait que le Gouvernement accordât toujours une prime variable de 0 p. o/o à 100 p. o/o, soit une moyenne de 50 p. o/o sur la main d'œuvre de toute marchandise manufacturée. Je prends le nombre 50, comme je pourrais me servir de celui de 20, 40, 60. Une prime enfin plus ou moins forte, modifiée selon les circonstances, le genre d'industrie dont il s'agirait et les conditions où celle-ci se trouverait ; mais toujours assez grande pour rendre possible la vente du superflu de nos marchandises sur les marchés étrangers, sans craindre d'être entravés par nos concurrents.

Je préviens d'avance qu'on pourra s'y prendre de manière à ce que le montant de ces primes ne soit pas un cadeau fait gratuitement aux négociants étrangers. Cette observation faite, je prie le lecteur de la regarder comme non avenue, puisque je vais deviser dans l'hypothèse contraire. Je reprends donc, et je dis que le résultat d'une pareille combinaison est facile à saisir.

En effet, si avec 400 fr. de matières premières, importées chez nous ou provenant de notre sol, nous parvenons, à l'aide de nos machines, du travail de nos ouvriers, à la porter, je suppose, à une valeur de 800 fr, et que défalquant ensuite 50 p. o/o de primes sur la main-d'œuvre, soit 200 fr., il reste en définitive pour l'ensemble une valeur de 600 fr., il demeurera bien établi que, malgré le sacrifice qu'aura fait l'Etat, nous nous serons enrichis de 200 fr. de plus dans cette opération.

Ne nous occupons pas pour le moment de savoir comment l'Etat pourra parer à ces dépenses : j'ai déjà dit qu'il y pourvoira. Bornons-nous donc, quant à présent, à constater un bénéfice qui, si petit qu'il puisse devenir par l'augmentation forcée des primes, n'en demeurera pas moins un bénéfice.

Maintenant posons le cas exceptionnel, excessivement rare, où la prime dût absorber la presque totalité de la valeur de la main-d'œuvre. Eh bien !

je soutiens que réduits à l'alternative de vendre ou de laisser chômer nos fabriques plutôt que de voir le travail interrompu, la misère s'accroître et peut-être la guerre civile s'allumer; oui, je le répète, à ces conditions, il y aurait encore bénéfice à accepter la vente.

En effet, une valeur manufacturée, alors surtout qu'elle passe entre les mains d'acheteurs étrangers, ne se compose seulement pas de sa matière première et de sa main-d'œuvre proprement dits; nous devons faire entrer en ligne de compte de cette dernière toutes les autres denrées qui, dans la confection de cette marchandise, viennent directement ou indirectement s'y assimiler : vouloir nombrer toutes celles qui peuvent concourir à sa transformation, ce serait faire le relevé de toutes les productions que le génie humain peut s'approprier; contentons-nous d'indiquer ici celles qui, par leur importance, tombent le plus spécialement sous nos yeux; celles, par exemple, qui servent à la confection des outils, à la fabrication des machines, à l'entretien des usines, à la nourriture et à l'habillement des ouvriers. N'oublions pas qu'avant de nous quitter, ces marchandises ont payé leur tribut au roulage, au fret et, en général, à une infinité d'industries qu'il serait trop long d'énumérer ici.

En considérant donc combien de transactions ne seront pas interrompues, combien d'intérêts matériels et moraux seront encore ménagés, concluons, malgré la perte de nos primes, qui du reste ne saurait impliquer que la perte d'un travail réparable, concluons toujours, d'une manière absolue, sauf à nous approcher ensuite le moins qu'il nous sera possible de cette limite, qu'aux conditions précitées, il y aurait encore bénéfice.

Mais, comment payer toutes ces primes? Que d'argent! Vraiment, c'est la mer à boire !

Eh, mon Dieu ! soyez tranquilles, je vous assure que l'Etat pourra toujours payer, qu'il aura même de l'argent de reste.

Ne nous épouvantons donc pas, et ayons soin de constater que, grâce à l'activité non interrompue des affaires, aux voyages de nos manufacturiers, commerçants, devenus, au contact des célébrités de nos voisins, plus habiles; grâce aux récompenses nationales, devenues une chance de fortune pour les ouvriers, les agriculteurs, les artistes, etc.; grâce enfin aux besoins de la consommation locale, devenant de jour en jour plus urgente , nous n'aurons pas à craindre d'employer des moyens si dispendieux pour toutes les industries à la fois ; et , en supposant que nous y fussions jamais contraints pour quelques-unes , ce ne pourrait probablement être que pour de bien faibles parties de leurs produits (1) ; mais, fussent-elles encore assez

---

(1) Je connais le secret de réduire ces parties à leur plus faible expression et de rendre les ateliers nationaux à-peu-près inutiles. Ce serait là l'ouvrage d'une de ces institutions qui nous manquent ; elle me servira, si j'en ai le temps , dans l'exposition que j'en donnerai, à faire la critique sévère de tous ces monts de piété qui, sous le nom d'entrepôts nationaux, étaient destinés par le Gouvernement provisoire à envahir la France. Je ferai voir comment en servant l'exportation, elle nous mettrait à l'abri des disettes et imposerait parfois un frein à la cupidité de ces spéculateurs qui, à certaines époques, font renchérir fictivement les grains et compromettent ainsi l'existence du peuple.

Si les idées que j'émets dans cette brochure sont réellement des idées saines ; si je ne me laisse pas trop entraîner à l'ardeur de mon imagination., oui , je puis le dire, une pareille institution nous épargnerait ces déboires et bien d'autres encore ; que dis-je., ce serait aujourd'hui la baguette magique qui , à l'instant même et pour si peu que le Gouvernement inspirât de la confiance, pourrait communiquer le mouvement à nos manufactures au repos, et faire reprendre subitement les affaires ; c'est elle qui, sans autres ressources que la bonne volonté du pouvoir, fera jaillir quand elle voudra, de ce rocher stérile, la source vivifiante du numéraire qu'on a si imprudemment laissé tarir.

En voyant, par un revirement tout simple , se produire de si brillants effets, les apôtres du jour apprendraient qu'il était quelque chose de mieux à faire que de nous coiffer du bonnet rouge, de nous affubler du titre suranné de citoyen, de nous faire parader dans des fêtes renouvelées du paganisme, et de nous donner , ainsi travestis, à la risée de nos plus cruels ennemis, eux que notre prospérité déconcerterait, et qui pour l'anéantir , n'ont trouvé d'autre moyen que d'être les premiers fauteurs de toutes ces folies.

Si ceux qui, pendant quelques jours, ont tenu les rênes du Gouvernement, avaient pu voir l'orage qui se formait sur les Alpes (les Apennins), et dont les ramifications ténébreuses s'étendaient sur le reste du continent ; s'ils avaient eu l'œil assez perçant pour suivre dans sa projection cette mèche enflammée qui, lancée des bords de la Tamise , a porté l'incendie au cœur de la Suisse et de l'Italie ; s'ils avaient pu remarquer cette traînée de poudre dont l'embrasement s'est, de là, comme par une commotion électrique subitement communiquée à Paris, Vienne et Berlin ; si, préjugeant ces tristes

nombreuses, ne perdons pas de vue le principe que nous avons posé au début de ce Mémoire, celui de la solidarité qui, existant pour le maître comme pour l'ouvrier, viendrait dans ce cas, par les mains de l'Etat, comme une assurance mutuelle bienfaisante, arracher à la souffrance une industrie reconnue indispensable à notre prospérité.

C'est en généralisant, c'est en poussant aussi loin qu'il sera possible de le faire la conséquence de ces principes, qu'il deviendra possible de rendre le travail abondant au point de pouvoir le garantir d'avance, sans crainte qu'il ne manque jamais à personne.

Allons maintenant du petit au grand, et, sans nous trop arrêter aux articles de petite industrie, tels que souliers, chapeaux, objets de coutellerie ou ceux d'un autre genre, tels que porcelaines, verreries, papiers peints, etc. ; si nos manufactures de soie, laine, coton, fil et autres, un peu plus centralisées, par une prime accordée aux annexes, se mouvant presque d'elles mêmes à la faveur d'une part émulative quelconque laissée comme récompense à l'aspiration et au talent de l'ouvrier; si nos manufactures, à l'abri des banqueroutes par les cautionnements, étaient soutenues par une forte organisation du crédit et protégées par un vaste système d'exportation, quel développement ne prendraient-elles pas, et avec elles, toutes les industries qu'elles entraînent dans leur mouvement !

Si par nos chemins de fer et nos autres voies de communication multipliées même au sein de nos départements les plus pauvres; si par le con-

---

évènements, ils avaient pu, loin de les empêcher de naître, les hâter au contraire ; ah ! il fallait du moins, arrivés au pouvoir, en empêcher les effets trop désastreux : à une tactique habile, déployée par nos ennemis, il fallait, puisqu'on avait laissé engager le combat, répondre par une tactique plus habile encore ; il fallait saisir le degré de solidarité que réclamaient les exigences de notre époque; lui donner, en France et à l'étranger, son développement normal, avoir assez de génie pour ne pas vouloir le dépasser, et assez de fermeté pour ne pas permettre qu'il le fût.

Alors ils eussent fait une vérité, de cette devise de liberté et de fraternité, dont on a dit qu'ils ne savaient faire que des mensonges. La misère ne nous ferait pas sentir ses cruelles atteintes, et nous n'aurions peut-être pas à craindre, pour l'avenir, les plus sanglantes catastrophes.

cours de tous les ouvriers étrangers, dont l'habileté se fixerait chez nous par l'appât des récompenses nationales; si par la suppression progressive des droits de douane sur toutes les matières premières que les étrangers nous apporteraient en échange de nos produits manufacturés ou autres; si par tous ces moyens le pays pouvait se couvrir de manufactures, je le répète, ainsi organisées, ainsi protégées, quelles sources de richesses ne jailliraient pas alors des parties même de notre sol, où la misère et l'isolement exercent aujourd'hui tranquillement leur empire! Quel prodigieux accroissement donné à notre marine marchande! Quel mouvement imprimé au commerce, à l'agriculture, et en général à toute l'activité nationale! Quelle supériorité n'obtiendrions-nous pas sur nos voisins, même les plus avancés! Quelle puissance pour la France! Quel honneur pour elle dans le monde!

Je ne puis, dans l'obligation où je me trouve de remplir le cadre du plan que je me suis tracé, m'empêcher de donner ici un aperçu des modifications que devrait subir la politique étrangère; elle est aujourd'hui un bien beau champ à parcourir pour les amateurs, et notre position topographique aussi bien que les évènements du jour nous commandent, sans plus tarder, d'en prendre la solennelle initiative; à défaut de quoi nous courons grand risque d'être astreints, plus tard, au rôle d'accepter une paix ou une guerre également funestes à nos intérêts.

La République ne peut se sauver qu'en montant. O vous qui êtes ses nombreux partisans de la veille ou du lendemain! si vous tenez sincèrement à la préserver d'une chûte honteuse, il est d'une nécessité absolue, non-seulement que le désordre soit partout énergiquement réprimé, mais encore que vous écartiez de vos actes tout ce qui pouvant faire allusion à de pénibles souvenirs, ne vous créerait, en quoi que ce puisse être, que des embarras inextricables.

Il faut, et c'est dans cette judicieuse rénovation que repose la pierre angulaire du gigantesque édifice que vous avez à construire, il faut à l'impôt, si grandement accru par Louis-Philippe et au système de non intervention inventé par lui, substituer au premier une nouvelle combinaison financière qui tranche, sans délai, toutes les difficultés que votre pénurie fiscale entretient; et au second, des dispositions en quelque sorte mixtes qui, sans paralyser le mouvement favorable qui s'opère maintenant dans les esprits , en Europe, vous permette néanmoins d'empêcher une guerre générale d'éclater, et vous rende insensiblement, vis-à-vis des états qui vous sont limitrophes, à peu-près les maîtres de la situation.

Solidarité au dedans, solidarité d'abord obligée et plus tard consentie au dehors, telle est la règle, je puis dire mathématique, tel est l'axiome à la sanction duquel vous devez rigoureusement soumettre la conduite du gouvernement.

Sous le rapport du second terme de cette formule, permettez-moi le mot, la Russie peut, sans vous aliéner l'Allemagne, merveilleusement vous servir. Cette puissance est, en général, moins éloignée, qu'on n'incline à le croire en bas lieux, des réformes régulières qui peuvent s'accomplir chez vous par les voies de la paix; elle ne redoute que les tumultes, les subversions démagogiques que votre propagande armée peut lancer jusqu'à elle ; une fois rassurée, moyennant compensation sur ces désastreux effets, elle s'harmoniserait d'autant mieux avec vous, que les contrastes qui ressortent de la constitution respective des deux pays sont plus frappants, que ceux-ci sont éloignés l'un de l'autre, et que votre essor commercial, loin de lui nuire dès le début, lui profiterait au contraire.

Envisagée sous ce point de vue, l'union américaine pourrait compléter le triumvirat.

En conséquence, c'est la Russie qui vous ralliera forcément, par la crainte qu'elle leur inspirera, la Prusse, l'Autriche et même la Turquie.

C'est autant par son concours que par votre intime liaison avec les Etats-Unis et les Belges que ceux-ci s'annexeront à la France, que nos frontières pourront être reculées jusqu'au Rhin, et, chose admirable, si vous savez vous y prendre, qu'à votre grande satisfaction, la Pologne et l'Italie seront pacifiées.

C'est toujours avec leur aide que vous éviterez de végéter une seconde fois à la remorque de l'Angleterre ou que vous préviendrez le coup de main que celle-ci prépare depuis la dernière rupture sur votre marine : croyez qu'elle n'attend que l'occasion d'un embrasement général pour en finir avec elle et vos colonies.

Ainsi, républicains, soit que vous fassiez la paix ou la guerre, dont vous serez devenus les arbitres et par l'excellence de votre organisation intérieure et par celle de vos alliances à l'extérieur, vous tiendrez en échec et comme entre deux feux les grandes nations qui vous entourent; vous les forcerez, au besoin, à vous suivre dans la voie du véritable progrès que vous leur tracerez vous-mêmes, jusqu'au moment où les relations commerciales se seront tellement multipliées, votre prépondérance si prodigieusement accrue et l'opinion des peuples tellement rattachée à vos principes, que ces derniers se fondront tous, comme par enchantement et par la force des circonstances, en une vaste fédération à laquelle, pour le bien du monde, vous ne pouvez manquer de servir de relien.

Ainsi se trouvera réalisée l'utopie des Henri IV et des Bonaparte.

La politique cessera de baigner les hommes dans le sang, et vous aurez inauguré pour toujours sur la terre le règne de la concorde, de la justice et de la vérité.

Je ne m'étendrai pas davantage sur cette matière, que je n'ai du reste effleurée qu'à regret, en ce sens que je crois qu'il convient de mettre une extrême réserve à aborder largement un sujet d'une si haute importance, et qui mériterait d'être traité par un homme de talent, même supérieur.

Il me conviendrait peut-être mieux, avant de quitter le point essentiel qui m'occupe, de disserter sur les associations à fonder pour la grande entreprise que je médite, sur les statuts à leur donner, sur l'installation de leurs comptoirs, et les principaux lieux de leur résidence; sur le soutien de ceux-ci par la création d'un corps d'inspecteurs chargés, à l'étranger, de la haute surveillance des opérations commerciales; sur l'instruction à donner à ces derniers; enfin il me conviendrait de deviser assez longement sur la modification et la fixation des tarifs pour toutes sortes de marchandises, sur les traités de commerce à réviser et sur le genre de concours qu'on peut attendre de certains gouvernements. Mais mon intention n'étant pas de faire un livre, et assez d'écrivains spéciaux pouvant entrer bien plus avant que moi dans tous ces détails, j'ai dû sans doute signaler l'importance d'une exportation entreprise sur une plus large base; mais je ne dois pas perdre de vue mon but principal, qui consiste à trouver les énormes ressources dont cette mère opération a besoin pour être exécutée.

L'organisation de la garantie du travail est à-peu-près terminée; elle se compétera naturellement dans ce que je vais dire : faire engrainer ses rouages et les mettre en mouvement, voilà donc ce qui me reste d'essentiel à faire. Qui le leur communiquera ?

L'Argent, Messieurs.

Sans argent, il n'est guère possible de rien faire; aussi, comptais-je beaucoup, pour l'obtenir, sur le secours du crédit personnel.

Qu'est-ce que le crédit Personnel ?

Le Crédit personnel, qui dès son apparition doit subitement abolir tous les impôts, simplifier le mécanisme du Gouvernement, le rendre, par le peu d'emplois qu'il aura à donner et par l'amélioration progressive du sort des travailleurs, à peu près inaccessible aux révolutions; le crédit personnel, enfin, qui dans un temps donné doit changer tout notre système politique, financier, et nous faire entrer dans une ère nouvelle; le crédit personnel n'est autre chose qu'un prêt d'argent fait chaque jour, sans interruption, à l'Etat, par chaque membre de la famille d'une nation. Ce prêt fait la veille est remboursé le lendemain par une journée de travail toujours garantie à quiconque veut ou peut travailler; cette journée se paie, quand elle est acceptée, au prix déterminé suivant les lois libres de la concurrence au cours du jour. A cet effet, les particuliers reçoivent du Gouvernement, et sous l'influence des hautes garanties qu'il peut alors donner, les uns la protection d'exercer la faculté qu'ils ont de s'occuper réciproquement, comme cela se pratique actuellement à nos yeux; les autres, c'est-à-dire ceux qui se trouvent sans ouvrage, obtiennent des secours temporaires sous forme de travaux exécutés aux chemins de fer, mines houillères, salines, etc., mais toujours, quand il y a surabondance de bras, à un taux tel alors que ces derniers ne puissent jamais porter atteinte à l'industrie privée.

Sur ces simples données, qu'on n'imagine pas que je veuille donner ici une seconde édition de toutes les bévues qui se sont dites ou faites depuis quatre mois, au sujet des ateliers nationaux. Je n'ai nullement l'intention de rien prendre à l'industrie privée, loin de là, je prétends même que ce serait merveilleusement agir dans nos intérêts que d'étendre encore cet essor, que l'esprit des particuliers tend de plus en plus à prendre dans les entreprises souvent hasardeuses des chemins de fer, de l'exploitation des mines houillères, salines, dans l'établissement des assurances, banques, dessèchements de marais, défrichements de landes, etc.

De toutes ces choses, je ne désire absolument rien pour l'Etat; il a, d'ailleurs, pour le moment, bien autre chose à faire que de devenir industriel ! Il n'aura donc rien encore, si ce n'est toutefois, et ceci en vue de sauvegarder au dernier point la sécurité publique, la faculté, comme c'est son droit, comme c'est son devoir, d'intervenir dans toutes les opérations d'une si haute influence.

Ainsi, par exemple, je voudrais que des dispositions fussent prises pour que les particuliers fussent universellement assurés contre les ravages des incendies, des inondations, des naufrages et des disettes, des excès enfin scandaleux de la concurrence et des monopoles. Je voudrais que dans une commune pauvre ou plusieurs d'entr'elles, lorsque par une de ces fatalités, heureusement rares, la rigueur d'un hiver, ou toute autre cause quelconque, menace de laisser une partie de leur population sans ouvrage et sans pain, je voudrais que, sur la requête de leurs autorités compétentes, un wagon emportât pour un temps ces malheureux dans les chantiers toujours ouverts des compagnies, où, par un travail fait à la tâche et rétribué, je le répète, de manière à ne jamais porter du tort à l'industrie privée, ces derniers pourraient s'occuper à faire des terrassements, à défricher, à assainir, à extraire du minérai, etc.; jusqu'à ce qu'ils pussent retourner fructueusement chez eux.

Ces précautions nous épargneraient de voir, à certaines époques périodiques, des nuées de pauvres valides inonder tout à coup nos villes et y venir étaler, au détriment de tout le monde, le spectacle de leur misère et quelquefois de leur désespoir.

Par ce qui précède, l'on peut déjà voir que je ne veux toucher à rien de ce qui est établi : familles, propriétés, industries, dettes publiques, tout est respecté. Je veux, généralement, il est vrai, tout refondre à la longue ; mais en m'appuyant sur ce qui existe. Loin de tout détruire pour établir ensuite une société meilleure, c'est, je le répète, en corroborant la nôtre que je veux procéder : je la prendrai telle qu'elle est, bonne ou mauvaise, et c'est en la plaçant dans des conditions à pouvoir faire éclore tous les bons germes de rénovation qu'elle contient, que je croirai avoir parfaitement rempli la tâche que je me suis imposée.

Pour en revenir donc au crédit, je vais montrer les ressources prodigieuses qu'il met entre les mains de l'Etat pour lui faciliter le devoir immense, mais facile, qu'il a maintenant à remplir.

Je préviens d'avance le lecteur que cette conception, jetée précipitamment sur le papier, peut laisser bien des imperfections sur la manière dont je vais tâcher de l'appliquer. Qu'on me pardonne donc de ne pas entrer, pour le moment, dans des détails que je crois inutiles, j'y reviendrais plus tard, si elle avait quelques chances de succès ; qu'on ne me chicane pas non plus ni sur les redites, que je crois nécessaires, ni sur les termes et les façons un peu bourgeoises que je serais obligé d'employer, et qu'on ne me tienne compte, en définitive, que de la simplicité de l'idée, de sa lucidité, de sa portée, et surtout de ma bonne volonté à nous soustraire le plus pacifiquement possible au collier de force des despotes et à la gorge affamée de cet hydre à mille têtes qu'on appelle le communisme.

D'accord là dessus, supposons, un instant, que je sois *Gouvernement*, et que je me regarde comme le père de mon peuple.

J'ai fort à cœur le bonheur de mes enfants ; tous, d'ailleurs, tant qu'ils sont, pauvres et riches, grands et petits, savants et ignorants, ne pouvant se passer les uns des autres, c'est dire qu'ils ont tous droit à ma sollicitude : elle ne leur fera pas défaut. — Eh bien ! si je leur supprime d'abord tous les impôts, tous, entendez-vous ; et, sans parler ici de leurs personnes, si je garantis au propriétaire sa propriété, non-seulement comme l'ont fait mes devanciers, mais encore, que j'ajoute pour cette dernière toutes les protections imaginables contre l'incendie, la grêle, les inondations, les épisooties ; si je garantis au commerçant qu'il n'aura plus de faillites, que ses vaisseaux ne feront plus naufrage ; au manufacturier, que ses machines ne s'arrêteront plus; à l'ouvrier, enfin, au pauvre, que Dieu recommande avec tant de soin, avec tant de bonté, si je lui assure pour tous les jours sa journée de travail, et que par des plans économiques tout particuliers et sans directement augmenter les salaires, je parvienne enfin à le mieux vêtir, à le mieux loger, à le mieux nourrir, à le mieux instruire, à le préparer, par la connaissance vraie de sa destinée, à cette résignation religieuse qui, pour le moment, doit nous suffire à tous tant que nous sommes, puisque par une mystérieuse fatalité il ne nous sera donné, sans doute que fort tard, d'entrer dans la terre promise; si j'accorde à mes enfants tous ces bienfaits, ne suis-je pas autorisé de droit divin à exiger d'eux, non pas un don ni un prêt, mais un dépôt, pour quelques heures, de quelques oboles que je ne garderai entre mes mains, hélas! que le temps nécessaire pour leur donner le pouvoir d'en opérer eux-mêmes, à l'exemple du Sauveur du monde, la miraculeuse multiplication?

Ah! je le crois fortement, si le peuple est une fois bien convaincu qu'il a affaire à un père, à un homme qui ne veuille absolument que son bien, et qu'il s'aperçoive, en pouvant compter lui-même, que cet homme peut réellement lui en faire, oui, j'en suis sûr, je n'aurais rien à exiger, chacun volera au devant de mes vœux, les siens et les miens seront comblés : nous serons tous heureux.

Laissons maintenant les figures; elles servent parfois admirablement à rendre attrayante telle partie d'un ouvrage où il est nécessaire que l'attention du lecteur soit constamment soutenue; mettons-nous à cheval sur la logique la plus sévère, ne parlons plus que Barême à la main.

Donc, puisque pour fonder le crédit de l'Etat qui doit produire tant de merveilles, nous devrons tous lui apporter chaque jour une rétribution : *quelle sera sa quotité pour chacun de nous? sera-t-elle la même pour les hommes que pour les femmes, pour les enfants que pour les vieillards?* Cet impôt, qu'il me plaît à moi d'appeler ainsi, me direz-vous, *ne pèsera-t-il pas plus sur le pauvre que sur le riche? Comment se percevra-t-il?* — Je tâcherai de répondre à toutes ces questions.

Et d'abord je dirai que le nom ne fait rien à la chose : qu'on l'appelle crédit ou impôt, peu m'importe ! et si ce dernier sourit mieux, va pour l'impôt ; je ne lui donnerai pas même d'autre nom si on le désire.

1º *Quelle sera sa quotité pour chacun de nous ; sera-t-elle la même pour les hommes que pour les femmes, pour les enfants que pour les vieillards ?*

Ne voulant donner, pour le moment, qu'une idée pure et simple de mon système, je prends au hasard les premières divisions qui me viennent à l'esprit, sauf à les rectifier plus tard si mon plan était adopté.

En conséquence, à l'exception des enfants au-dessous de l'âge de 8 ans, des infirmes et des vieillards des deux sexes, il est formé, de la masse entière de la population, trois grandes catégories distinctes, savoir :

1re CATÉGORIE. — Enfants de 8 à 12 ans, payant, je suppose...... 0 f. 05 c.
2me CATÉGORIE. — Enfants de 12 à 16 ans, femmes et vieux valides,
        retraités ou non, payant..................... 0 f. 10 c.
3me CATÉGORIE. — Hommes faits, dans la force de l'âge, payant.... 0 f. 20 c.

Si l'on remarque que les individus de la 1re catégorie sont moins nombreux que ceux de la 3e et de la 4e, l'on peut déjà voir qu'on doit compter approximativement, pour chaque personne, sur le prélèvement d'une moyenne de 15 c.

Sur trente-six millions d'habitants que possède la France, je crois qu'on ne se tromperait guère si on évaluait à trente-deux ceux qui, élimination faite des enfants trop jeunes et des infirmes, seraient à même de contribuer.

En supposant donc, pour le moment, que la quotité fût fixée pour chacun d'eux à 15 c. par jour, voici, compte fait, le revenu que nous obtiendrions, à savoir :

Impôt, dix-huit cent soixante-dix millions, ci. . . .   1870,000,000
Si nous ajoutons à ce chiffre celui de la provenance
de nos douanes, soit environ cent trente millions, ci.   130,000,000

                    Total.   2,000,000,000

Ce tableau sommaire nous présentera d'abord, dans cette première division, à la rigueur indispensable, un produit annuel d'une somme ronde de deux milliards, soit. . . . . : 2 milliards

                    A reporter. . . . . 2 milliards.

Report. . . . . 2 milliards.

Si à cette dernière l'on ajoute l'économie que l'exécution
de ce nouveau plan comporte, et que je n'évalue pas à
moins de un demi milliard, soit. . . . . 1/2 milliard.

Total. . . . . 2 millia. 1/2

Le budget de 1849 peut être fixé à deux milliards et demi; mais deux
milliards et demi, c'est encore quelque chose, cela vaut bien la peine qu'on
y songe, surtout aujourd'hui. Souvenez-vous bien de ce chiffre, je vous
prie, ne le perdez pas de vue, *deux milliards et demi.*

Quelques centimes de plus, imposées sur les contribuables, produisent
au bout de l'an des sommes considérables.

Cet impôt peut, dans de certaines proportions, comme on le verra ci-
après, augmenter de deux, trois fois autant, etc., sur une échelle immense
dont tous les points, à mesure que les travailleurs s'éclaireront, devront
être mis constamment en regard de ces derniers; il les commandite, un
livret *ad hoc* leur donnera conscience des spéculations qu'il sait entrepren-
dre et mener à sa fin. Sa grande élasticité fait la grande puissance de son
ressort; il ne doit jamais faire faute à aucune situation, à aucune spécula-
tion, à aucune réforme dont l'expérience a proclamé la nécessité.

Cette mobilité est fondée sur cette vérité qui est la base *sine qua non* de
son existence : que tout impôt, étant d'abord équitablement réparti, doit
toujours, après avoir fécondé le travail utile, sous quelque aspect qu'il
apparaisse, après avoir réalisé toutes les garanties de stabilité et de progrès
dont il est caution envers la nation d'abord, les départements ensuite, la
commune enfin, la famille et l'individu, doit toujours, dis-je, une fois sa
mission remplie, retourner à la poche d'où il est sorti. -

On voit que c'est une assurance entreprise sur des propositions jusqu'ici
inconnues; tout mon système, du reste, ne tourne que sur ce pivot.

Pour compléter l'exposition de mon plan, je vais tracer encore quelques
chiffres complémentaires, en faisant remarquer que je ne procède toujours
qu'approximativement : des hommes pratiques feront assurément mieux

que moi ; je leur laisse ce mérite, et ne revendique pour moi que l'honneur d'en avoir parlé le premier.

Pour arriver donc à une juste répartition, on divisera l'ensemble des trois catégories indiquées plus haut en 4, 5, 6 classes d'industrieux ; elles paieront l'impôt sur la base établie de 15 c. l'une pour chaque individu, dans la proportion, par exemple, de 1, 2, 3, 4, 5, 6 et d'un plus grand nombre, si on le juge convenable.

Cette manière de procéder, que je crois indispensable au début, je l'appellerai, pour la distinguer de l'autre, *le premier mode*. On prendra donc à l'inauguration du crédit personnel autant de divisions, je le répète, qu'on le croira nécessaire pour répartir équitablement ; mais on ne devra pas perdre de vue que ces divisions secondaires devront peu à peu s'amoindrir et finir même par tout-à-fait disparaître, pour ne faire place qu'à la première et seule division générale dont j'ai parlé en premier lieu.

J'appellerai cette dernière manière d'asseoir l'impôt, *le second mode*.

Par le peu que je viens de dire, l'on doit voir qu'à l'aide des divisions de classes, qu'on peut étendre à volonté, l'impôt sera, sans contredit, aussi bien et mieux réparti même qu'il ne l'est aujourd'hui. Avant de nous préoccuper du moyen par lequel sa perception s'effectuera, ce qui, dans le *premier mode,* sera toujours facile, raisonnons dans l'hypothèse unique du mode infiniment plus simple que je propose et que je regarde comme devant l'emporter ultérieurement sur l'autre ; faisons voir que, dans ce 2me cas, il peut être également perçu sur toute la population avec facilité ; qu'il est même juste qu'il soit plus tard ainsi établi, puisqu'il sera démontré, dans le courant de ce mémoire, que quoique la prime à payer soit à-peu-près égale pour tout le monde, elle ne pesera pas néanmoins plus sur le pauvre que sur le riche.

En vue de cette simplification, nous allons passer successivement en revue tous ceux qui sont destinés à payer l'impôt, afin de nous bien assurer si, dans tous les cas, le Gouvernement pourra compter sur sa rentrée.

Au premier coup-d'œil, nous pouvons, dans la société, distinguer deux grandes classes qui absorbent toute la population : d'un côté ceux qui possèdent, de l'autre ceux qui ne possèdent pas. Les premiers, formant l'ordre des propriétaires, ne manqueront pas de s'acquitter de leurs redevances; ils le font aujourd'hui, pourquoi dans une situation améliorée ne le feraient-ils pas ? — Les seconds sont ceux parmi lesquels on peut comprendre les métayers, les cultivateurs de toute sorte, les charpentiers, les tailleurs, les maçons, les ouvriers travaillant dans les manufactures, les domestiques, les garçons boulangers, cordonniers, chaudronniers et, en général, tous les individus, de quelque profession qu'ils soient, vivant généralement du prix de leur journée; mais ceux-ci paieront également bien l'impôt, ou par eux-mêmes, ou par les mains de leurs maîtres qui, par précaution du reste, en demeureront toujours garants.

On verra plus bas qu'il sera indifférent, pour les deux parties, que ce soit l'une ou l'autre qui paie : l'ordre nouveau saura tout balancer.

Pour se convaincre de la bonne disposition des ouvriers à cet égard, il faut bien se pénétrer d'une chose : c'est que jusqu'à présent l'impôt a été prélevé sur la propriété qui ne peut naître ou être fondée que par le travail, et que c'est précisément sur ce travail, lui-même, que nous voulons, nous, asseoir le crédit. Ce crédit, fait par l'ouvrier sur le revenu garanti de sa journée, n'est, pour l'ordinaire, que le 10ᵐᵉ de la valeur de celle-ci.

S'il prête la veille, il est sûr de gagner dix fois autant le lendemain; mais s'il gagne, il pourra donc prêter de nouveau à l'Etat; comme, si celui-ci est crédité, il pourra toujours garantir à son tour le travail.

Le crédit et le travail se donnent la main et forment un couple admirablement assorti; chacun des deux qui le compose est étroitement lié à l'autre : l'absence du premier causerait la perte du second.

Voulez-vous me permettre de constater par des chiffres la possibilité de l'accroissement du crédit et du bien-être qu'il peut donner? Jetez les yeux sur le tableau suivant et sur les détails qui en sont donnés un peu plus bas.

Dans le cadre de ce tableau je fais figurer dans la 1ʳᵉ colonne, en commençant par la gauche, les degrés marquant les époques; dans la 2ᵐᵉ, le prix d'une journée de travail qui, fixée au début, doit servir de terme de comparaison; dans la 3ᵐᵉ, les journées décroissantes; dans la 4ᵐᵉ, le bénéfice progressif fait par l'ouvrier; dans la 5ᵐᵉ enfin, l'accroissement successif du crédit ou de l'impôt.

ÉPOQUES.	PRIX DE LA JOURNÉE fixée au début, servant de terme de comparaison.	PRIX DÉCROISSANT des journées.	PROFIT PROGRESSIF de l'Ouvrier.	ACCROISSEMENT successif du CRÉDIT.
1	40	40	0	0
2	40	35	5	5
3	40	30	10	10
4	40	25	15	15
5	40	20	20	20
6	40	15	25	25
7	40	10	30	30
8	40	5	35	35
9	40	0	40	40

Dans cette disposition, faite on peut dire au galop, mais qui malgré son inexactitude peut cependant, dans un jour plus ou moins heureux, mettre en lumière la vérité de ce que j'avance, l'on aperçoit une journée d'ouvrier, prise inconsidérément, au taux de 2 fr. par jour. Le soin de la fixer à sa vraie valeur en est réservé à la concurrence, et il ne faut pas oublier que le monde entier est debout devant nous pour nous la faire rigoureusement.

Cela posé, l'on voit sur la première ligne marquée par l'époque première que l'ouvrier, et quand je dis l'ouvrier je parle ici de tout le monde, car si l'un ne gagne pas sa journée, l'autre n'aura pas le profit que la dépense de cette journée lui aurait procuré; l'on voit, dis-je, que l'ouvrier, ne créditant pas, consomme lui seul, il est vrai, quand il travaille, tout le produit de son labeur; mais il n'obtient aucune amélioration à son sort : tout est si cher, tout est si rare, qu'il n'a pour vivre que le plus strict nécessaire; heureux quand lui, sa femme et ses enfants n'en sont pas totalement privés. Voilà sa position, il est positivement misérable.

Sur la deuxième ligne, à la seconde époque où il commence, je suppose, à prêter le dixième de son revenu quotidien, il obtient pour les trente-cinq sous qui lui restent, eu égard à l'activité de sa production qui, alors, ne s'arrête plus, mais qui va chaque jour grandissant davantage, non-seulement tout le confort qu'il se procurait avec ses 2 francs d'autrefois, mais encore, et ceci tout en pur bénéfice, une somme de bien, telle qu'après avoir augmenté de 25 centimes le crédit qu'il faisait à l'Etat, il lui reste au moins autant à lui-même pour son compte; et c'est à peu près, je pense, dans cette proportion, que l'on devrait accroître le crédit : vouloir aller trop vite en besogne serait, sur ce point comme sur beaucoup d'autres, s'exposer à revenir en arrière.

A la troisième époque, l'amélioration est devenue encore plus sensible : ici 1 fr. 50 c. suffisent, quand autrefois 35, quand 40 c. étaient indispensables; et notez bien que le bénéfice de l'ouvrier et le crédit de l'Etat augmentent toujours dans la même proportion, comme on peut le voir au tableau ci-dessus.

D'où l'on peut conclure que plus le crédit augmente, plus l'aisance de l'ouvrier s'accroît, plus enfin sa dépense fixée d'abord à 2 fr. décroît aussi en raison inverse.

Si l'on voulait suivre cette progression, on arriverait aux derniers degrés de l'échelle où les objets nécessaires à la vie deviendraient à si bon compte qu'ils ne coûteraient plus presque rien; ce qui, joint au gain toujours croissant du particulier et de l'Etat, constituerait une richesse comme jamais jusqu'ici l'on n'a pu s'en former une idée.

Mais avant d'arriver à ce point, les germes de l'association, éclos et développés autant par la perfection des arts que par l'état fortuné où nous vivrions, auraient sans doute déjà changé la face des choses.

Après cette digression naturellement amenée par l'extension des matières, je reviens, comme Guillaume, à mes moutons : nous avons vu comment l'impôt réparti sur ceux qui possèdent et sur ceux qui ne possèdent pas ne peut, en aucun cas, faire défaut.

Voilà la règle générale.

Voici en apparence l'exception :

Il est, pourra-t-on me dire, de pauvres cultivateurs qui n'ont qu'un très petit bien, et qui verraient empirer leur position s'ils avaient à solder journellement et par chaque membre valide de leur famille une cotisation d'une moyenne de 15 c. : pas le moins du monde.

En effet, ces derniers travailleront chaque jour chez eux et, dans ce cas, ils pourront payer l'impôt qui, en général, ne saurait être que le dixième du revenu de leur journée, ou bien, s'ils n'ont pas de quoi s'occuper ainsi toute l'année, ils iront se louer chez des propriétaires plus riches, et, dans ce second cas, ils retombent dans l'une des deux catégories précédemment décrites; enfin, s'ils ne trouvaient pas de l'ouvrage chez ces derniers, ils auraient toujours, en désespoir de cause, les chantiers des ateliers aujourd'hui dits nationaux, ou, par des statuts imposés aux compagnies, ils pourraient non-seulement gagner l'impôt, mais encore une journée à pouvoir au moins vivre.

Je passe sous silence les porte-faix, revendeuses de rue, et autres gens en tout petit nombre, qu'il sera facile d'amener à composition, et je termine ce chapitre, déjà trop long, en disant qu'il y a justice de la part des ouvriers même les plus pauvres, à apporter leurs contributions, quelque fortes qu'elles deviennent par la suite. En effet, n'est-ce pas principalement dans leur intérêt bien entendu que l'Etat paie les énormes primes à l'exportation, qu'il se charge, le cas échéant, des dépenses extraordinaires à exécuter dans les ateliers nationaux; qu'il installe les crèches, les salles d'asile, les écoles gratuites; qu'il accorde souvent les récompenses, les retraites et les secours de toute sorte prodigués aux malades, aux vieillards, aux infirmes ?

Si c'est en vue de ces biens, qui ne sont presque créés que pour lui, que l'impôt s'établit si colossal, n'est-il pas juste, puisqu'il aura désormais non-seulement la faculté de gagner cet impôt, mais encore ce bien-être dont il eût été sans lui toujours privé, n'est-il pas juste que l'ouvrier soit le premier en ligne à venir s'en acquitter ?

Voilà ce qu'au lieu de l'égarer on devrait chercher à lui faire comprendre. Le livret dont j'ai déjà parlé devrait l'instruire religieusement sur ses droits comme sur ses devoirs.

L'impôt pèsera-t-il plus sur le pauvre que sur le riche ?

A ce sujet, le lecteur doit se rappeler qu'il a été établi deux modes pour sa distribution. Je suis bien aise de lui faire observer, avant d'entrer en matière, que je discute toujours dans la supposition où le second mode est accepté.

Cette réminiscence une fois obtenue, je m'empresse de prouver que l'un ne paiera pas plus que l'autre.

En effet, si vous m'alléguez que cette disposition est mauvaise, qu'elle écrase le pauvre, puisqu'elle le contraint de payer en moyenne une prime d'environ 55 fr. par an ; que cette conception est impraticable et qu'on devrait la laisser réléguée dans la tête de son auteur, je répondrai : convenez préalablement avec moi d'une chose ; dans le système actuel, n'est-ce pas en définitive le pauvre qui paie le plus d'impôts, s'il est bien vrai qu'il ne les paie pas absolument tous ?

N'est-ce pas lui, machine ouvrière, qui crée le pain, le vin, la viande, le sel, l'huile et en général tous les objets qui nous sont nécessaires? Et lorsque ces denrées lui reviennent pour être consommées, les contributions foncières, personnelles et mobilières, celles des portes et fenêtres, les patentes, les centimes additionnels, les droits sur les boissons, leur circulation, leur débit et leur consommation ; l'impôt des assurances, des garanties, les octrois, les régies du tabac et du sel, les droits sur le roulage, le fret, les voitures publiques, ceux de la navigation maritime, de la pêche, de la chasse, des postes, du timbre, de l'enregistrement, etc., etc., etc., tous ces droits qu'on prélève ne viennent-t-ils pas avec elles le forcer à payer, dans la part qu'il consomme, toute cette kyrielle d'impôts qui, s'accroissant de plus en plus en arrivant jusqu'à lui, la présentent sans contredit à lui plus grande qu'aux autres ; ne paie-t-il pas encore, par la privation de ces objets qui, rendus trop chers par le fisc, ne peuvent le plus souvent l'atteindre? Le sel, la viande et le vin n'ont-ils pas souvent pour le pauvre cette triste prérogative ?

Toutes ces raisons sont assez concluantes. C'est pourquoi, si par mon système tous ces droits, de quels genres qu'ils soient, sont supprimés, le pauvre aura toujours de moins à payer ce qu'il débourse aujourd'hui pour cet objet ; — 1er Bénéfice.

Par l'abolition de tous ces impôts que je peux bien appeler vexatoires, par l'élimination de cette foule d'agents parasites qui viendront, de leur talent et de leurs capitaux, féconder le vaste champ du travail, nous entrons

dans une voie de plus grande égalité, de plus sérieuse liberté. Je porte également celui-ci en ligne de compte; — 2me BÉNÉFICE.

L'instruction élémentaire gratuite et partout propagée; — 3e BÉNÉFICE.

Le crédit personnel garantit à l'ouvrier sa journée de travail et une re-
traite pour lui et sa femme, quand l'impôt d'aujourd'hui le délaisse, lorsqu'il
est vieux et souvent même à la force de l'âge, dans l'avilissement et la
misère.

Une production incessante lui livrant à vil prix tous les objets de première
nécessité, tels que le pain, le vin, la viande, les légumes, le linge, les
habits, les objets même d'un certain luxe; tandis qu'aujourd'hui, je le répète, il paie fort cher les uns et demeure souvent privé des autres; — 5me
BÉNÉFICE.

Enfin, sans énumérer ici tous les avantages qui sont incessamment re-
produits dans le contenu de cette brochure, convenez avec moi qu'avec
toutes les garanties que je donne au pauvre, le changement que je propose
n'a rien qui doive, même dans votre supposition, lui être contraire.

Mais qui vous a dit que ce soit bien le pauvre qui paiera l'impôt, pour
que cette idée, à me servir de votre expression, eût dû rester dans la tête de
son auteur?

Vous dites que c'est le pauvre, et moi je réponds que c'est le riche : ce-
lui-là pourra bien, dans certains cas, être chargé lui-même de s'acquitter
de son paiement; mais, je vous le déclare, en fait comme en droit, il n'y
sera jamais tenu. Oui, vous n'apporterez point l'impôt, ouvriers, cultivateurs, pauvres enfin, tributaires d'une nouvelle espèce; et pour le faire
payer au riche, voici ce que vous ferez : vous ne vous louerez ni aux particuliers, ni dans les ateliers nationaux, sans que, ni chez les uns ni chez
les autres, on ne s'engage formellement à le payer pour vous; et comme,
sur ce point, le Gouvernement est bien dans l'intention de faire exécuter
votre volonté, dès à présent et pour toujours, ces derniers en demeureront
responsables, toutes les fois que vous ne viendrez pas en opérer le verse-
ment vous-mêmes.

Eh bien! en ai-je assez dit? Ai-je besoin d'aller plus loin? Chacun ne
s'aperçoit-il pas de la vérité de ce que j'ai avancé en commençant, savoir :

que ce soit l'ouvrier qui paie, ou celui qui le fait travailler, cela ne fait absolument rien à l'affaire; car, si c'est l'ouvrier, grâces aux débouchés et aux garanties de toutes sortes, le prix de ses journées augmentera; si c'est au contraire le fabricant, le propriétaire, etc., le taux, dans cette supposition, en diminuera; et tout bien compté et par l'effet de la concurrence qui aura le soin de tout niveler, il restera prouvé aux gens les moins clairvoyants, que ni les uns ni les autres ne paieront pas plus qu'ils ne le font aujourd'hui. La seule différence qui existera, c'est qu'il leur demeurera en surplus, à tous deux, les avantages dont nous avons parlé plus haut.

A cette disposition égalitaire et tout d'un ordre élevé, quelques personnes à courte vue pourront voir un inconvénient : les terres d'un mauvais rapport, diront-elles, qui, dans les montagnes par exemple, sont exploitées pour les céréales ou tout autre produit qui nécessite une culture analogue, paieront autant et plus d'impositions que les bons fonds de la plaine; ces propriétés diminueront donc de valeur en raison inverse de la progression de l'impôt; il est même des terres d'un revenu si minime, que ce genre de culture devra y être abandonné.

Je ne saurais trop rappeler en mémoire que l'impôt devra d'abord être réparti selon les règles du premier mode. Dans ce cas, cette objection se trouve sans aucun fondement. Dans le deuxième, où nous raisonnons toujours du reste, voici ce que nous pouvons affirmer : quand un réformateur propose des changements, c'est toujours sous un point de vue général qu'il faut en envisager les effets, pourvu que le bien public soit produit avec le moins de mal particulier possible : personne n'a le droit de se plaindre. Peu importe alors (ce que d'ailleurs je garantis ne pas devoir être) que quelques personnes voient une petite dépréciation de leur fortune là où d'autres y voient un léger accroissement, lorsque ces modifications surtout ne doivent s'opérer qu'à la longue; notre objet principal, aussi bien que celui du réformateur, consiste donc à nous laisser guider par la nécessité où nous sommes d'opérer des réformes radicales, sans lesquelles tout l'ordre ancien ne manquera pas, tôt ou tard, de disparaître, et dans des convulsions telles alors, que les propriétaires dont il s'agit n'y auraient guère plus de bénéfice.

Cela posé, je dis que les terres de première et deuxième classes gagneront un peu à cette nouvelle distribution; celles de la troisième n'y perdront rien; pour les quatrième et cinquième, ce sera peu de chose ; et, dans ce cas, on pourrait, comme cela se pratique pour cause d'utilité publique, indemniser, pendant un certain temps, ceux qui se trouveraient réellement lésés. Quant aux terres ingrates de 6e, 7e et 8e classes, que des cultivateurs s'amusent, dans leur ignorance, à remuer bien gratuitement; toutes celles qui par leur nature pourraient être changées en prairies, éprouveront cette transformation ; les autres seront reboisées ou abandonnées aux dépaissances, et ce serait là un bien pour tout le monde.

Alors disparaîtrait cette fureur du défrichement qui, en déchaussant la pente trop rapide de nos montagnes et en abattant nos forêts , menace, dans un temps peu éloigné, de frapper la France de la stérilité la plus complète.

Les terrains situés sur la crête de nos bassins se centraliseraient entre les mains de puissants actionnaires ou de l'Etat ; ils pourraient, je le répète, en partie, être reboisés et nous éviter ainsi les inondations dont les bords du Rhône et de la Loire ont été dernièrement les victimes.

Pour les bras, peu nombreux du reste, auxquels la culture sus-mentionnée ferait défaut, nous aurions toujours dans nos manufactures de quoi les occuper plus lucrativement.

Craindrait-on, par hasard, de manquer de blé, de maïs, de seigle et d'avoine? Mais vous connaissez la route d'Odessa, et vous savez bien, si je ne me trompe, ce qu'il vous en a dernièrement coûté pour la parcourir. Eh bien ! les plaines de Russie, de l'Amérique et de l'Algérie en particulier, sont assez productives; elles auront toujours à nous offrir, en échange de nos produits manufacturiers, les produits de leur sol, si ceux du nôtre venaient jamais à nous manquer.

Mais, peut-on me dire encore, si les ressources de l'impôt ne s'étayent que sur les journées de travail, il ne sera pas proportionnellement payé par tout le monde : je connais M. S..... qui a un fort bel hôtel dans un des quartiers les plus beaux de la ville ; M. T.... un fort beau bien de campagne arrosable et qu'il va mettre tout en prairie, il n'occupera presque plus personne. Ces derniers retireront, l'un et l'autre, un fort beau revenu de leurs propriétés, ils ne paieront que peu ou point d'impôt. Ce sera autant de perdu, et des personnes riches en auront profité.

Je réponds, si une fois notre système, mis bien en vigueur, M. S. obtient, comme précédemment, le prix de location de ses appartements, ce sera une preuve que ceux qui louent et que les ouvriers que ces derniers occupent, et ainsi de suite en descendant toujours jusqu'aux derniers échelons des travailleurs, n'auront rien perdu à cette combinaison. La seule chose, dans ce cas, que je pourrais constater, c'est que, sans que personne n'ait rien perdu, M. S. y aura gagné quelque chose. Que si, au contraire, les premiers y perdent, l'on verra M. S. être obligé de diminuer le loyer de sa maison en proportion de la diminution des ressources de ses locataires ; effet que l'on devra à la concurrence qui fera naturellement justice de toutes ces prétendues inégalités. Ce que j'ai dit de M. S., je puis l'appliquer à M. T. Qu'on me laisse donc tranquille et qu'on ne me rompe plus la tête.

Mon Dieu ! ne nous fâchons pas ; vos raisons, je l'avoue, sont assez concluantes, et je ne vous adresserai maintenant sur ce chapitre qu'une toute petite question.

Madame la Comtesse de N... possède un superbe château, un parc, des jardins magnifiques, et celle-là, par exemple, ne loue rien à personne, elle garde tout pour elle ; eh bien ! Madame se dorlotera sur de moelleux coussins le long de la sainte journée, se mirera, se pimpera sans rien payer pour ses joujoux ; et, pendant qu'aux cours de Neuilly ou de l'Étoile elle se balancera dans un char bien suspendu emporté par quatre beaux chevaux anglais, nous irons, nous, débonnairement, porter et vider la besace ? C'est de toute impossibilité.

Elle a même, dit-on, un intendant anglais, une dame de compagnie anglaise et jusqu'à deux petits chiens canards anglais, toutes choses qu'en bonne justice on devrait aussi soumettre à l'impôt.

Brisons sur les Anglais : je n'aime pas ces gens-là, et pour cause....

Madame la Comtesse de N... aura ou non un revenu de son château. Dans le premier cas, vous savez ce que je vous ai dit tout à l'heure ; dans le second, je ne vois qu'un moyen de vous contenter : si son château vous offusque, faisons-en une grange à foin, détruisons ces jardins qui ne produisent que des fleurettes, des balivernes. Quant à tous ces Anglais, faisons prendre un bain forcé aux canards, et forçons vite les autres à repasser la Manche, à moins que la dame ne veuille plutôt aller à Hambourg où elle trouvera sans doute encore assez bonne compagnie. Et Madame la Comtesse? Eh bon Dieu! c'est tout clair, à l'exemple de la *Phocion*, elle ira tout simplement à pied, vêtue de bure, et, pour le bien du commerce, ne se nourrira plus que de choux et de raves.

Alors les cuisiniers, les jardiniers, les modistes, les peintres, les musiciens, les coiffeurs, les bijoutiers, les acteurs, les poètes, les carrossiers, limonadiers et marbriers passeront aussi probablement la mer, ou, comme le grand Annibal, le Rhône, les Pyrénées et les Alpes; ils seront suivis par les chanteurs, sauteurs, danseurs et toute autre sorte d'artistes; il n'y aura pas jusqu'à Polichinelle qui, lui aussi, ne veuille être de la pérégrination; ils iront tous ensemble porter leurs pénates sur la terre étrangère. Nous deviendrons alors, comme je crois l'avoir entendu dire quelque part, une nation grave : nous aurons, il est vrai, moins de revenu, mais nous vivrons comme les anachorètes, et ce sera, ma foi, plus édifiant.

Voilà ma réponse, et n'attendez pas sur elle de plus longs commentaires.

Comment se percevra-t-il?

La famille étant la plus petite unité collective, c'est d'elle d'abord qu'il convient de s'occuper : elle sera vis-à-vis de l'État le garant de tous ses membres; après elle, ce sera, je suppose et pour ne pas entrer dans des détails trop minutieux, la commune qui, à son tour, le sera des familles; le département, des communes; la nation entière, des départements.

Il est nécessaire que le Gouvernement soit parfaitement garanti.

Quant à la perception de l'impôt, un exemple fera mieux connaître que tous les raisonnements que je pourrais faire, comment il sera facile d'en opérer la rentrée.

Soit une ville de 6,000 âmes départie à un seul percepteur. Il y a dans l'ensemble de la population des riches, des aisés, des justes et des pauvres : les premiers paieront par semestre, les deuxièmes par trimestre, les troisièmes mensuellement, les quatrièmes enfin par semaine. Cette simple disposition peut déjà permettre au percepteur de recevoir absolument comme il le pratique aujourd'hui, c'est-à-dire un jour l'un, l'argent de vingt-cinq contribuables.

Je crois que ces observations sont suffisantes; il est vrai qu'on pourra me faire, à ce sujet comme sur bien d'autres, une foule d'objections; je laisse au lecteur le soin d'en reconnaître la portée et de les réfuter lui-même à mesure qu'elles se présenteront à son esprit. Ce sera le moyen de m'épargner de plus longues dissertations.

Un mot de plus seulement, et je finis.

Si, persuadé de la bonté de mon système, l'on craignait de le mettre en pratique, retenez bien ce que je vais vous dire :

A l'effet d'en faire l'essai dans un département ou dans une commune, répartissez d'abord sur les industrieux la somme à prélever selon les règles indiquées au *premier mode ;* donnez l'impulsion aux affaires, vous le pouvez aujourd'hui sans rien débourser ; qu'avec elles les garanties commencent à marcher pour ne plus s'arrêter, et je sais tels capitalistes qui, moyennant une légère prime, feront, par six mois, à l'Etat l'avance des sommes à percevoir.

On ne peut se faire une idée des trésors au milieu desquels nous vivons. Hommes du pouvoir, ORGANISEZ, et vous aurez réellement trouvé cette mine précieuse que vous promet le titre plaisant de mon mémoire....

La paix est la première condition de la stabilité et du progrès placés sous son égide. Le crédit et le travail font entr'eux une sainte alliance.

C'est en se servant mutuellement d'appui que ces derniers peuvent grandir et enfanter les prodiges que comporte le but de leur union.

Si Dieu, qui est l'associé de l'homme, ne lui eût pas prêté la terre, jamais ce dernier n'eût pu par le travail, aujourd'hui peu attrayant sans doute, mais pouvant par la science éprouver d'heureuses transformations, jamais, dis-je, l'homme n'eût pu se promettre les destinées qui l'attendent. Jamais Dieu lui-même, qui en a ainsi disposé, non seulement envers nous, mais à l'égard même de l'univers entier, n'eût eu la gloire de contempler le bien qui se produit dans des milliers de mondes.

Prêter dans ces conditions, c'est donc entrer dans les vues, c'est donc se rapprocher de l'essence du Créateur. O vous ! pauvres et riches, grands et petits, faibles et forts, qui n'êtes isolément à ces divers degrés qu'une faible émanation de sa puissance, mais qui, en vous aidant les uns les autres, pouvez arriver à sa perfection, vous tous enfin, dans quelque position que sa main vous ait provisoirement placés, venez tous ensemble concourir à la fondation éminemment religieuse du crédit personnel, et ne soyez pas étonnés des ressources qu'il vous donnera pour acquérir ces biens immenses qui sont votre lot et que vous désirez avec tant d'ardeur ! Vous savez que les petites sources font les grandes rivières, et les grandes rivières l'Océan !

Nous voilà donc en présence d'un budget énorme de deux milliards, doublement garanti, non seulement par la propriété comme le sont tous les budgets, mais encore par le travail, qu'il commandite et garantit à son tour.

Sa mobilité, suite de la moralité sur laquelle il se fonde, lui donne le pouvoir de s'accroître indéfiniment encore.

Il réalise subitement, par la suppression de tous les impôts qu'il métamorphose en crédit, une économie de 500 millions par an.

Il amortit par annuités et fait ainsi disparaître dans un temps donné, en conservant toutefois encore les ressources de l'emprunt, le chancre des dettes publiques par les changements qu'il nécessite dans la politique ; il permet d'introduire dans l'armée et dans toute administration quelconque des réformes indispensables, et telles qu'après l'extinction de la dette et malgré l'entretien d'une marine formidable, les dépenses de l'Etat ne se porteront pas à plus de 500 millions par an.

Il assure à celui qui possède sa fortune, à l'ouvrier le travail, au mérite sa récompense.

Par l'accroissement successif de toutes nos productions, il en amoindrit à tel point la valeur que, dans un court délai, nos douanes peuvent être supprimées, et la liberté des échanges proclamée.

Il ouvre sur les mers une route nouvelle à nos vaisseaux et nous enrichit à leur retour des produits bruts des deux mondes.

Il place la France en tête de la civilisation moderne, il l'oblige à se doter d'une constitution tellement démocratique, il lui fait une telle position dans le monde, qu'au cas de guerre avec ses rivaux, ses ennemis naturels, elle aurait toujours pour elle les sympathies des deux continents.

Il creuse profondément le lit où le torrent des réformes sociales, qui menace de tout engloutir, doit paisiblement s'écouler. Comprendre ces réformes, saisir leur opportunité, mettre franchement à leur niveau nos lois et nos institutions, c'est avoir acquis, sachez-le bien, tout le degré de lumière que comporte l'actualité. C'est cette lumière qui nous montre dans tout son jour le grand principe de la solidarité, principe si fécond aujourd'hui pour nous et demain pour l'Europe, qu'il fonde seul la foi où sont les philantropes sur la possibilité de cette confédération pressentie par les plus grands hommes de notre siècle.

Si ce but était jamais atteint, alors, ouvriers! ô alors seulement! il serait permis de rêver pour vous, dans une assemblée générale de tous les peuples qui nous entourent, l'accomplissement de toutes ces réformes prématurées dont vous bercent à cette heure inutilement vos esprits.

Alors, grâce aux merveilleuses inventions dont nous voyons chaque jour éclore les symptômes, grâce aux machines dont la puissance est appelée à remplacer vos bras, grâce surtout au travail, emblême des fonctions de Dieu sur la terre, source abondante de toute richesse, de tout bien, de toute amélioration dans le monde, il deviendrait, pour nous, possible de diminuer nos heures de travail; tous ensemble, nous pourrions alors mieux nous instruire, et, par ce moyen, avancer plus rapidement vers la perfection de l'humanité.

LIMOUX. - IMPR. DE J. BOUTE.